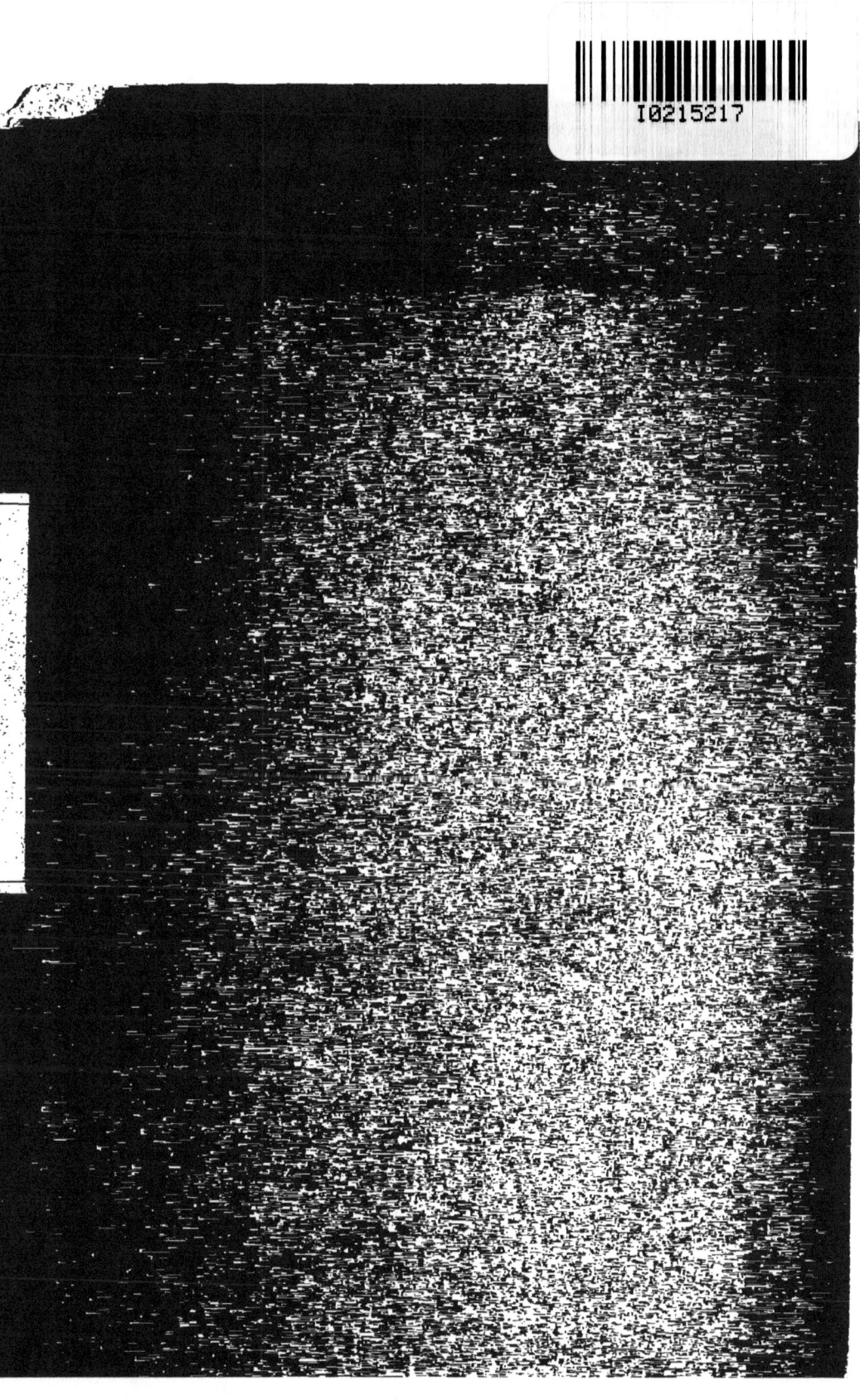

40
L.b. 923.

DISCOURS

PRONONCÉ PAR

G. SIBUET,

Commissaire civil du pouvoir exécutif de la république Française, dans la société des amis de la liberté & de l'égalité de la ville de Bruges, le Lundi 28 Janvier 1793, l'an second de la république Française, traduit en Flamand & imprimé par ordre de cette Société.

MDCC. XCIII.

DISCOURS

Prononcé par G. SIBUET, commissaire civil du pouvoir exécutif de la république Française, dans la société des amis de la liberté & de l'égalité de la ville de Bruges, le Lundi 28 Janvier 1793, l'an second de la république Française.

Citoyens, Freres et Amis,

JE viens remplir dans votre ville & ses environs une mission aussi importante qu'honorable ; je viens, au nom de la république Française, vous offrir de nouveau, paix, fraternité, secours & alliance inséparable ; répondre à toutes les calomnies que répandent contre la France les ennemis de la liberté des peuples ; enfin je viens travailler d'une maniere efficace à consommer dans les esprits & dans les choses une révolution qui doit être le résultat de la raison, de la justice & de l'amour de l'humanité.

Je réunis dans vos contrées la qualité de

commiffaire de la république Françaife, pour l'exécution du décret du 15 décembre, & celle d'apôtre de la liberté, d'ami du peuple & de protecteur des opprimés.

Sous ces différens rapports je réclame avec confiance l'affiftance des fociétés populaires, & fur tout celle de la ville de Bruges, qui a porté au plus haut dégré le patriotifme, le zele & l'amour du bien public. Je le fais, freres & amis, il n'eft prefque pas de ville dans toute la Belgique qui puiffe rivalifer avec vous, & mon vœu le plus fincere eft celui de les voir toutes marcher fur vos traces. Malgré les efforts du fanatifme & les étincelles de guerre civile, lancées au milieu de vous par certains *Proteftans*, qui font peut-être plus attachés à la maifon d'Autriche qu'au peuple, leur feul fouverain, les habitans de la ville de Bruges & de fes environs ont conftamment été attachés de cœur & d'efprit aux principes de la révolution Françaife ; ils ont fait plus : les premiers ils ont demandé à former un 85e département, & ce vœu fortement prononcé honore autant leur courage que leur attachement à la liberté.

Après une conduite auffi magnanime, la cité de Bruges mérite, en particulier, la bienveillance, la protection & l'amitié éternelle du peuple Français. Déja vous en avez l'affurance, Citoyens, & une grande république telle que la France ne promet jamais en vain.

Le peuple Belge rendu à fa fouveraineté par

nos armées victorieuses retomberoit bien-tôt sous le glaive de ses anciens tyrans, ou serait livré peut-être aux horreurs de la guerre civile, si la France ne conservait la tutelle de sa liberté, jusqu'à ce qu'il ait *posé les bases d'un gouvernement libre* Voila l'esprit & le but du Décret du 15 Décembre, que les partisans de l'ancien régime ont si injustement calomnié La France ne veut avoir pour voisins que des peuples libres ; mais elle ne portera jamais atteinte à leur souveraineté, & après leur avoir donné la liberté & le bonheur, elle travaillera sans cesse à les y maintenir.

Une guerre sanglante la menace encore cette république naissante ; les despotes & leurs vils suppôts se coalisent avec les ennemis de la liberté pour nous diviser & nous vaincre; mais le courage de nos soldats, les travaux des sociétés populaires & leur attachement aux vrais principes nous promettent une victoire complette.

Nous faisons aujourd'hui cause commune, braves Belges. & vous serez réunis sans doute de fait & d'intention aux travaux & à la gloire du peuple François; vous partagerez ses peines passagères & ses avantages Enfin nous formerons ensemble une sainte coalition, une cabale de trente millions d'ames, contre quelques despotes couronnés.

C'est à vous qu'il est réservé, freres & amis, de faire sentir au peuple la nécessité de cette union; celle de rassembler sans délai des phalanges guerrieres qui se rangeront sous les drapeaux de la liberté pour vaincre les tyrans, & enfin à les prévenir contre les complots de toute espece, & contre les efforts du fanatisme. Les sociétés populaires sont aux nations qui renversent le despotisme, ce que le soleil est à l'univers ; ce que la lumiere est dans les ténebres : elles seules peuvent briser sans retour les chaînes sous lesquelles des siecles d'abattement, d'apathie & d'humiliation ont courbé leurs têtes ; elles seules peuvent éteindre les torches du fanatisme, en éclairant le flambeau de la raison, & opposer à la rage de ceux qui vivaient de privileges imbus de la sueur des malheureux, les digues insurmontables de la souveraineté des peuples, les principes irréfragables de la raison universelle. Ah ! qu'ils sentent bien les ennemis de la révolution quel coup terrible ont porté au despotisme les sociétés populaires : aussi Frédéric & François leur ont ils déclaré la guerre ; aussi payent-ils par-tout de vils mercenaires pour calomnier les clubs ; aussi font-ils menacer ici ceux qui les fréquentent d'une damnation éternelle.

Vous vous défierez, citoyens, des pieges qui vous seront tendus de toutes parts ; vous déjouerez les complots des factieux, vous anéantirez le fanatisme, en distinguant les ministres purs d'une religion sainte, dont la morale est fondée sur les mêmes principes que ceux du systême révolutionnaire Français, en les distinguant, dis je, de certains égoïstes hypocrites & faux dévots qui, prêchant l'égalité, la justice & le desintéressement, se couvrent modestement d'une triple couronne ; habitent des palais dont l'ombre seule désole les chaumieres qui les environnent, & s'engraissent scandaleusement des peines du modeste cultivateur; cette classe respectable, pour laquelle, s'il étoit encore possible d'établir des privileges, ils devraient être exclusivement réservés.

C'est à vous, freres & amis, qu'il appartient d'éclairer le peuple naturellement ami de la liberté, mais malheureusement trop confiant sur ces différens objets; c'est à vous qu'il appartient d'émousser graduellement les fléches empoisonnées du fanatisme; de ramener la religion & ses ministres à leur institution primitive, & de rappeller à ces rois du monachisme dont le trone, après s'être élevé sur l'ignorance & les privations du malheureux, s'est affermi graduellement sur la dixieme partie de nos fortunes; de leurs rappeller, dis-je, ce passage de la vie de Jésus, qu'ils disent être le modele de leur conduite: *pedibus autem ibat Jesus*; c'est-à-dire, Jésus n'avoit ni couronnes, ni palais, ni chevaux, ni voitures, ni millions à sa disposition.

Dites au peuple que jamais les ministres de la religion catholique n'ont été plus respectables & plus respectés que lorsqu'ils ont suivi & prêché la pure morale de l'évangile, le desintéressement, la liberté, l'union & l'égalité. Dites-lui qu'en France ceux qui n'ont pas abandonné ces principes, qui n'ont pas allumé les fanaux de la guerre civile, & qui ont reconnu la souveraineté du peuple, sont heureux, tranquilles, & généralement aimés; que les vrais ministres de la religion, les seuls qui remplissaient dans une sorte d'indigence, les honorables fonctions de directeurs des consciences, de consolateurs des pauvres & d'officiers de morale, tandis que les membres inutiles de ce gouvernement spirituel en absorbaient tous les revenus, reçoivent aujourd'hui de la république un traitement généreux, qu'elle a pourvu à la subsistance des uns & des autres, & que la loi leur accorde la même protection qu'à tous les bons citoyens.

Une tâche non moins essentielle est réservée aux amis de la liberté, & je dois la partager avec eux comme l'un de ses plus zélés défenseurs : c'est l'union indissoluble du peuple Belge à la république Française ; non pas de fait, puisque le succès de nos armes l'a prononcé irrévocablement, mais d'intention, d'esprit & de volonté.

Vous le savez, citoyens, nos ennemis cherchent à vous diviser de la France, cette cité républicaine qui doit devenir la mere patrie de tous les peuples qui voudront se donner un gouvernement libre. Ils vous diront que depuis le moment où le soleil de la liberté parut sur notre horison, en enflammant les ames honnêtes de son feu salutaire, il n'absorba pas le foyer des discordes & des agitations ; mais que dès lors il fut, au contraire, plus actif & plus violent ; que nous sommes devenus cruels ; que les propriétés n'ont pas été respectées ; que nous vivons dans l'anarchie, & que la France nage dans un déluge de maux & de miseres ; enfin, que toutes les puissances vont anéantir pour jamais son système qu'elles appellent *anti-social*.

Ah, combien il est facile de répondre à leurs calomnies, à leurs raisonnemens captieux, & à leurs menaces !

Par qui les maux de la révolution Française ont-ils été causés ? si ce n'est par ses ennemis ; pourquoi la liberté n'a-t-elle pu s'asseoir parmi nous que teinte de sang, & entourée des serpens de la discorde ? si ce n'est parce que d'antiques préjugés, ou une générosité mal entendue avaient laissé entre les mains de l'ennemi nécessaire de tout gouvernement populaire une autorité destructive de la liberté ; parce qu'un *veto* absurde, signal éternel de la guerre civile, donnait à un individu le pouvoir d'arrêter la volonté de 25 millions d'hommes ; si ce n'est parce que nous eûmes la faiblesse de faire concourir au grand œuvre de notre régéneration les anciens serviteurs du despotisme ; parce que nous avons été trahis mille & mille fois par ceux qu'une confiance aveugle avoit chargé de nos intérêts ; parce qu'enfin les hommes qui paraissaient les plus dévoués à la cause de la liberté commune la voulaient pour eux seuls, & ne pouvaient supporter l'idée d'une égalité sagement combinée.

Nous sommes devenus cruels ; les propriétés n'ont pas été toujours respectées : les perfides ne disent pas que si la France a eu à gémir de quelques excès criminels, ce sont leurs agens soudoyés qui, sous le masque d'un patriotisme outré, incendiaient les châteaux en prêchant le meurtre, le crime & la desorganisation universelle C'est ainsi que les monstres présentent sans cesse la liberté comme avide de fang, pour la faire détefter & renverfer fes autels.

Nous vivons dans l'anarchie, & la France nage dans un déluge de maux & de mifere.

Pourquoi la paix & le bonheur n'ont-ils pas fuccédé aux fureurs du defpotifme & aux horreurs de l'anarchie? fi ce n'eft parce qu'il eft abfolument impoffible de paffer promptement & fans écueil une mer de préjugés, d'erreur, & de fottifes, pour arriver au port du temple de la vérité & de la raifon univerfelle. *Nous fommes dans l'anarchie.* Mais qui de vous ignore que le gouvernement d'un peuple qui reprend fa fouveraineté après des fiecles d'efclavage, tombe réellement dans une efpece de diffolution morale, & que les ambitieux & les intrigans de toute efpece, femblables aux vers qui rongent un cadavre tombant en putréfaction, femparent avec avidité de tous les débris du defpotifme, & qu'ils entravent toujours la marche de la profpérité publique.

Les puiffances étrangeres vont anéantir pour jamais fon fyftême anti-focial.

Ah! combien ils connaiffent peu ces nouveaux Donquichotte ce que peuvent les foldats de la liberté & l'efprit républicain. Ils imaginent donc que nos armées, jufqu'à préfent victorieufes de toutes parts, quitteront tout-à-coup le chemin de l'honneur & de la gloire; qu'elles fouleront aux pieds les lauriers pour fe couvrir à jamais de la honte des lâches qui ont fui devant elles.

Ils croient donc nos soldats assez insoucians pour retourner dans leurs foyers, & y rester honteusement, tandis qu'ils auront encore des ennemis à combattre.

Non, freres & amis, leurs vœux ne seront pas accomplis: j'en jure par les héros de Lille & de Jemappe; j'en jure par le peuple Français; j'en jure par vous-mêmes, braves Belges, qui réunirez vos phalanges aux nôtres pour le bonheur de l'humanité.

Ils supposent encore gratuitement, ces hommes méprisables, que le peuple ne s'éclairera pas sur les vraies intentions de ceux qui l'abusent; qu'il ne connoîtra pas le charlatanisme de la royauté, & qu'il verra d'un œil indifférent la faction de quelques têtes couronnées contre la souveraineté des peuples de l'Europe; mais bientôt ils sauront tous ces peuples que les rois qui se faisaient autrefois la guerre par égoïsme, par ambition, ou par amour-propre, pour une insulte personnelle, pour une fausse gloire, & souvent pour une courtisanne dégoutante de vices qui avilissait la majesté d'une grande nation, en en partageant le gouvernement, se réunissent aujourd'hui par une coalition monstrueuse pour étouffer à jamais le feu sacré de la liberté, dont la chaleur salutaire dissout en un moment les colonnes glacées de tous les trônes de l'univers.

Semblables aux voleurs placés aux bords des grands chemins, qui, après avoir mis à contribution, & souvent égorgé les voyageurs, se battent les uns les autres pour fe partager leurs dépouilles, & tournent auſſi tôt leurs armes d'un commun accord contre les agens de la force publique, lorsqu'ils veulent les livrer à la vengeance des loix; les prétendus fouverains s'armaient, il y a quelques années, pour le partage de nos bras, de nos fortunes & de nos vies; ils paraiſſaient être ennemis irréconciliables; ils auraient alors tout ſacrifié pour la défaite d'un roi avec lequel ils étaient en guerre; mais lorsqu'ils ont vu l'autorité de tous les trônes compromiſe. lorsqu'ils ont dû craindre que les peuples oſaſſent bien-tôt ſecouer le joug de la tyrannie, alors vous avez vu cette poignée de brigands raſſembler ſes ſatellites ignorans ou eſclaves, pour donner des fers à un grand peuple; ils ont fait alors cauſe commune; ils ſe ſont juré une alliance inféparable. Ah! combien il eſt perfide leur ſyſtême politique: ils arment un peuple contre un autre pour les faire ſervir ſucceſſivement à leur anéantiſſement reſpectif, & pour établir leur gouvernement abſolu ſur des monceaux de cadavres ou de malheureux.

Voila, freres & amis, ce qu'il faut expliquer au peuple; ce qu'il faut lui faire entendre, ſi vous voulez qu'il ſente le prix de la liberté, & qu'il ſache la conſerver.

Je vous ai détaillé, citoyens, les objets principaux que je confie à votre ſollicitude Il en eſt une infinité d'autres que vous ne devez pas négliger: tels que le ſoutien de patriotes opprimés, la dénonciation des complots de toute eſpece, la protection néceſſaire pour la ſûreté des perſonnes

& des propriétés. Enfin, rien de ce qui peut opérer le plus grand bien public n'eſt étranger aux vrais amis de la patrie. Inſtruiſez-moi ſur les localités, les choſes & les perſonnes ; ſecondez mon zèle, & jurons tous de mourir, s'il le faut, pour le triomphe de la liberté.

SIBUET, Commiſſaire national.

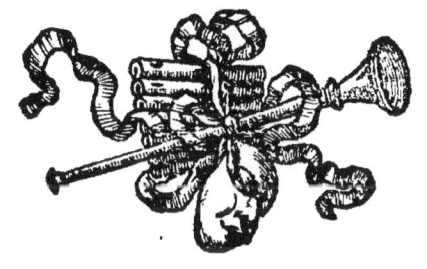

www.ingramcontent.com/pod-product-compliance
Lightning Source LLC
Chambersburg PA
CBHW070534050426
42451CB00013B/3009